JOSÉ ANTONIO MARTÍNEZ PUCHE, O.P.

VIA CRUCIS BÍBLICO

DE LA PALABRA DE DIOS
A LA VIDA
DEL HOMBRE

EDIBESA
MADRID 2005

Foto de portada:
Cristo abrazado a la Cruz
El Greco (h. 1600)

Colección EDIBESA BOLSILLO, n.º 40 (18040)

Madre de Dios, 35 bis - 28016 Madrid
Tel.: 91 345 19 92 - Fax: 91 350 50 99
http: //www.edibesa.com
E-mail: edibesa@planalfa.es.

ISBN: 84-8407-500-1
Depósito legal: M-4.144-2005
Impreso en España por: A. J. F. Impresores
Fuenlabrada - Madrid

ÍNDICE

AMBIENTACIÓN

Vía Crucis. Camino de la Cruz. Desde la injusta condena a muerte de Jesús, el Justo, hasta la sepultura esperanzadora del que es Vida y Camino. Como prólogo, la agonía cruenta en el huerto de los Olivos.

Camino de la Cruz, siguiendo la Verdad de la Palabra de Dios, hecha carne viva en Cristo que muere; hecha vida en nosotros para que aprendamos a darla, como Cristo.

Vía Crucis. Camino de cada día, cargando con la propia cruz, que sólo a la luz de la Cruz de Cristo tiene sentido. Cruz del dolor, de la soledad. Cruz de la vida bajo la esclavitud del pecado y de la muerte.

Camino de la cruz del hombre, llamada a ser cruz gloriosa, cuando la vida humana va unida a la de Jesús.

Acompañemos a Jesús. Del Cenáculo hasta el huerto de Getsemaní. Ha terminado la última cena. Es de noche. Con Jesús están los once apóstoles. Todos, menos Judas. Nos unimos a la comitiva.

Salió Jesús como de costumbre al Huerto de los Olivos, y lo siguieron los discípulos. Al llegar al sitio, les dijo:

– Orad para no caer en la tentación.

Jesús se arrancó de ellos alejándose como a un tiro de piedra y, arrodillado, oraba diciendo:

– Padre, si quieres, aparta de mí ese cáliz. Pero que no se haga mi voluntad, sino la tuya.

Y se le apareció un ángel del cielo que lo animaba. En medio de la angustia oraba Jesús con más insistencia. Y le bajaba el sudor a goterones, como de sangre, hasta el suelo. (Lc 22, 39-44)

Volvió, y al encontrar a los discípulos dormidos, dijo a Pedro:

– Simón, ¿duermes?, ¿no has podido velar ni una hora? Velad y orad, para no caer en la tentación; el espíritu es decidido, pero la carne es débil.

De nuevo se apartó Jesús y oraba repitiendo las mismas palabras. Volvió y los encontró otra vez dormidos, porque tenían los ojos cargados. Y no sabían qué contestarle. Volvió y les dijo:

– Ya podéis dormir y descansar. ¡Basta! Ha llegado la hora; mirad que el Hijo del hombre va a

Francisco de Goya

ser entregado en manos de los pecadores. ¡Levantaos, vamos! Ya está cerca el que me entrega.

Todavía estaba hablando Jesús, cuando se presentó Judas, uno de los Doce, y con él gente con espadas y palos, mandada por los sumos sacerdotes, los letrados y los ancianos. El traidor les había dado una contraseña, diciéndoles:

– Al que yo bese, es él: prendedlo y conducidlo bien sujeto

Y en cuanto llegó, se acercó y le dijo:

– ¡Maestro!

Y lo besó. Ellos le echaron mano y lo prendieron.

Y todos lo abandonaron y huyeron. (Mc 14, 37-46.50)

Yo soy, Señor, uno de ésos que te abandonan y huyen, cuando las cosas no están muy claras cerca de ti. Yo soy ese Pedro que decía estar dispuesto a dar su vida por ti. Soy ese Pedro que no es capaz de acompañarte un rato en oración. Soy ese Pedro que huye, que te sigue de lejos y que te negará tres veces... Bueno, yo tres veces sólo, no. Miles de veces.

Y no sólo soy ese Pedro que te niega. Soy también ese Judas que te traiciona y te entrega.

Reconozco mi pecado.

¡Hijo de David, ten compasión de mí!

Hoy quiero quedarme cerca de ti, quiero orar a tu lado siguiendo tus pasos hasta el Calvario.

Envía, Señor, tu Espíritu, para que llene mi corazón de los sentimientos que inundaron el tuyo en aquellas intensas horas de tu pasión.

Tened entre vosotros los sentimientos propios de una vida en Cristo Jesús.

El, a pesar de su condición divina, no hizo alarde de su categoría de Dios; al contrario, se despojó de su rango y tomó la condición de esclavo, pasando por uno de tantos.! Y así, actuando como un hombre cualquiera, se rebajó hasta someterse incluso a la muerte, y una muerte de cruz. Por eso Dios lo levantó sobre todo, y le concedió el «nombre-sobre-todo-nombre». (Flp 2, 5-9)

1ª Estación:

JESÚS, CONDENADO A MUERTE

Tintoretto

Te adoramos, Cristo, y te bendecimos.
Que por tu Santa Cruz redimiste al mundo.

Llevaron a Jesús de casa de Caifás al Pretorio. Era el amanecer. Salió Pilato afuera, adonde estaban los judíos y les dijo:

– Yo no encuentro en él ninguna culpa. Es costumbre entre vosotros que por Pascua ponga a uno en libertad. ¿Queréis que os suelte al rey de los judíos?

Ellos gritaron: A ése no, a Barrabás.

Entonces Pilato tomó a Jesús y lo mandó azotar. Y los soldados trenzaron una corona de espinas, se la pusieron en la cabeza y le echaron por encima un manto color púrpura. Pilato salió otra vez afuera y les dijo:

– Mirad, os lo saco afuera, para que sepáis que no encuentro en él ninguna culpa.

Y salió Jesús afuera, llevando la corona de espinas y el manto color púrpura. Pilato les dijo:

– Ahí lo tenéis.

Pilato trataba de soltar a Jesús, pero los judíos gritaban: Si sueltas a ése no eres amigo del César.

Entonces se lo entregó para que lo crucificaran. (Jn 18, 28.38-40; 19,1-2. 4-5. 12.16)

Así fue el juicio. Así de injusta la sentencia. En los Salmos estaba previsto con estas palabras:

¿Por qué se amotinan las naciones, y los pueblos planean un fracaso? Se alían los reyes de la tierra, los príncipes conspiran contra el Señor y contra su Mesías. (Sal 2,1-2)

Señor:

Has sido víctima de la más injusta condena.

Unos prefieren a Barrabás. Otro teme al César.

Y yo... ¿con quién estoy?

Ojalá pudiera decir que estoy contigo. Pero soy consciente de cuántas veces prefiero a esos ídolos que ocupan en mi corazón el altar que sólo pertenece a ti.

También yo antepongo a Barrabás.

También yo sirvo antes a mi César.

También yo me uno al griterío del populacho que pide tu muerte.

Por lo demás, Jesús, era de esperar ese final para ti:

- porque hablaste demasiado claro;
- porque llamaste a los fariseos por su nombre;
- porque no condenaste a los pecadores reconocidos: acogiste a la adúltera, comiste en casa de

Zaqueo el publicano, te dejaste besar los pies por la pecadora Magdalena, predicaste el amor a los enemigos, proclamaste como único camino las Bienaventuranzas.

Tus caminos, Jesús, no son nuestros caminos.

Tus criterios no son nuestros criterios.

Por eso te condenaron.

Por eso te condenamos.

Pero yo sé que tú tienes toda la razón. Tú tienes palabras vida eterna. Y espero que un día cambies este corazón de piedra que te condena por un corazón de carne que aprenda del tuyo, manso y humilde, a perdonar, a amar, a ser incomprendido y condenado por el mundo.

- Te pedimos, Señor, por tu Iglesia, en tantas partes incomprendida, perseguida, condenada.

- Te pedimos por los cristianos cuya fe vacila ante la menor incomprensión.

- Te pedimos por los que creen prestar un buen servicio condenando a tus seguidores.

Señor pequé:
Ten piedad y misericordia de mí.

2ª Estación:
JESÚS CARGA CON LA CRUZ

Sebastián del Piombo

Te adoramos, Cristo, y te bendecimos.
Que por tu Santa Cruz redimiste al mundo.

Estaba anunciado en el libro del profeta Isaías, seis siglos antes de que sucediera, con estas palabras:

Nuestro castigo saludable vino sobre él, sus cicatrices nos curaron. Todos errábamos como ovejas, cada uno siguiendo su camino, y el Señor cargó sobre él todos nuestros crímenes.

Maltratado, voluntariamente se humillaba y no abría la boca; como un cordero llevado al matadero, como oveja ante el esquilador, enmudecía y no abría la boca.

Sin defensa, sin justicia, se lo llevaron. (Is 53, 5-8)

Juan, testigo excepcional de la Pasión de Cristo, confirma el oráculo de Isaías, cuando relata en su Evangelio:

Tomaron a Jesús, y él, cargando con la cruz, salió al sitio llamado «de la Calavera», que en hebreo se dice Gólgota. (Jn 19, 16-17)

Y con su gesto impresionante cargando con la Cruz, Jesús evoca aquellas palabras que dijo a los discípulos cuando Pedro quiso disuadirle de la Pasión:

El que quiera venirse conmigo, que se niegue a sí mismo, que cargue con su cruz y me siga.

Mirad, el que quiera salvar su vida, la perderá; pero el que pierda su vida por el Evangelio, la salvará. (Mc 8, 34-35)

Señor:

Lo que la gente ve sobre tus hombros es una simple cruz de madera, en la que luego te clavarán.

Pero yo sé que esa Cruz es la que rehuyo cargar sobre mí. Es la cruz de mis sufrimientos, la cruz de mi egoísmo, la cruz de mis pecados.

Quiero salvar mi vida y sólo encuentro perdición y muerte lejos de ti.

Huyo de la Cruz, y no encuentro respuesta a los más profundos interrogantes de mi existencia.

¿Cuándo aprenderé –siguiendo tu Palabra y aprendiendo en mi experiencia– a buscar la vida sólo donde está: en ti?

En la zozobra de la lucha, entre la muerte que ofrece el mundo bajo apariencias de vida y la vida que sólo en ti hallaré, dejo que tu Palabra llegue a mi corazón:

Venid a mí todos los que estáis cansados y agobiados, y yo os aliviaré.

Cargad con mi yugo y aprended de mí, que soy manso y humilde de corazón, y encontraréis vuestro descanso.

Porque mi yugo es llevadero y mi carga ligera. (Mt 11, 28-30)

Te pido, Señor:

- *luz,* para quienes intentan construir un cristianismo sin Cruz;

- *fuerza,* para quienes se resisten a tomar cada día la propia cruz;

- *paciencia,* para los enfermos, los minusválidos, los marginados, que se sienten oprimidos bajo el continuo peso de su cruz.

Señor, pequé:
Ten piedad y misericordia de mí.

3ª Estación:

JESÚS CAE POR PRIMERA VEZ

Grünewald

Te adoramos, Cristo, y te bendecimos.
Que por tu Santa Cruz redimiste al mundo.

Jesús, –y los fariseos que habían conseguido condenarlo– conocía estos versos del Salmo mesiánico:

Voy encorvado y encogido, todo el día camino sombrío.

Tengo las espaldas ardiendo, no hay parte ilesa en mi carne; estoy agotado, deshecho del todo.

Siento palpitar mi corazón, me abandonan las fuerzas, y me falta hasta la luz de los ojos.

Mis amigos y compañeros se alejan de mí, mis parientes se quedan a distancia; me tienden lazos los que atentan contra mí, los que desean mi daño me amenazan de muerte, todo el día murmuran traiciones.

En ti, Señor, espero, y tú me escucharás, Señor, Dios mío; esto pido: que no se alegren por mi causa, que cuando resbale mi pie no canten triunfo.

Porque estoy a punto de caer, y mi pena no se aparta de mí. (Sal 38, 7-9, 11-13, 16-13)

San Pedro, que desde lejos seguía a Jesús, escribiría más tarde en su primera carta:

Cristo padeció por nosotros, dejándonos ejemplo para que sigamos sus huellas. Él no cometió pecado ni encontraron engaño en su boca; cuan-

do le insultaban, no devolvía el insulto; en su pasión no profería amenazas; al contrario, se ponía en manos del que juzga rectamente. (1 Pe 2, 21-24)

Señor:

Me cuesta imaginar a todo un Dios caído en tierra, ensangrentado, mezclada tu sangre redentora con el polvo de la calle.

Caes por tierra, Cristo:

Así me enseñas a levantarme cuando caigo en el pecado.

Y me dices que no es lo peor caer, sino permanecer caído.

Caes por tierra, para dar la mano al que está caído.

Sigues siendo en tu Pasión el Buen Pastor que se baja hasta donde está postrada esta oveja perdida, herida, maltrecha... Y me cargas sobre tus hombros.

Porque soy yo, Señor, esa oveja que un día desdichado escapé de tu redil por primera vez.

Soy yo el hijo pródigo que en mala hora abandoné la casa paterna por mi primer pecado.

Y tú acudiste solícito, esperaste ansioso mi retorno. Y me demostraste –y sigues demostrándome- tu amor, tu perdón, tu misericordia, en esa cálida acogida con un abrazo de Padre. Después de aquella primera caída, he seguido pecando. Y tú, Jesús, siempre has seguido amándome.

Te pido, Señor, por los niños y jóvenes, víctimas de su primer pecado:

- dales *coraje*, para levantarse con diligencia;
- dales *sabiduría*, para ponderar la dimensión negativa y mortífera del pecado;
- dales el *gozo* de sentirse hijos tuyos, miembros de una Iglesia que sigue caminando, con ellos y contigo.

Señor, pequé:
Ten piedad y misericordia de mí.

4ª Estación:
JESÚS ENCUENTRA A SU MADRE

Ribalta

Te adoramos, Cristo, y te bendecimos.
Que por tu Santa Cruz redimiste al mundo.

Con palabras del profeta Zacarías, lo había anunciado Jesús antes de la Pasión:

Todos vais a caer, como está escrito: Heriré al pastor y se dispersarán las ovejas. (Mc 14,27)

Y en el relato de la Pasión, esta frase de Marcos deja constancia del hecho:

Todos lo abandonaron y huyeron. (Mc 14,50).

Todos abandonan a Jesús. Todos, menos su Madre, que acudió presurosa a compartir los dolores de Jesús. La fuerza de la sangre y el valor de la fe empujaron a María a la Vía Dolorosa. En el Cantar de los Cantares están escritos estos versos, aplicables a María:

Buscaba al amor de mi alma: lo busqué y no lo encontré.

Me levanté y recorrí la ciudad por calles y plazas, buscando al amor de ni alma; lo busqué y no lo encontré.

Me han encontrado los guardias que rondan por la ciudad:

¿Visteis al amor de mi alma?

Pero apenas los pasé, encontré al amor de mi alma. (Cant 3, 1-4)

Cuando María encontró a Jesús –«el amor de

su alma»–, sin que mediaran palabras, simplemente con la mirada, entre Madre e Hijo pudo entablarse el diálogo anunciado en el libro de Isaías. (Is 63, 1-2):

– ¿Quién es ése que viene de Edom, de Bosrá, con ropaje teñido de rojo? ¿Ése del vestido esplendoroso, y de andar tan esforzado?

– Soy yo que hablo con justicia, un gran libertador.

– Y ¿por qué está de rojo tu vestido, y tu ropaje como el de un lagarero?

– El lagar he pisado yo solo; de mi pueblo no hubo nadie conmigo.

Mirando a su Hijo, María se dirige a todos los hombres con esta lamentación de Jeremías:

Vosotros, todos los que pasáis por el camino, mirad y ved si hay dolor semejante al dolor con que se me aflige, con el que el Señor me ha herido. (Lam 1,12)

Señor:

Contestaré a tu Madre con palabras del profeta Jeremías:

¿A quién te compararé? ¿A quién te asemejaré, hija de Jerusalén? ¿Quién te podrá salvar y consolar, hija de Sión?

Grande como el mar es tu quebranto. (Lam 2, 13)

María, tu Madre, no podía estar ausente del drama del Calvario y de su prólogo en la Vía Dolorosa.

¡Su puesto estaba allí, junto a ti, a quien habíamos abandonado todos los discípulos, huyendo cobardemente!

Con ella cerca, ya no te encontrabas tan solo entre las burlas, salivazos y blasfemias de toda la humanidad pecadora allí representada. Con amor de madre, con entereza de mujer de fe, allí está María, sabiendo a qué se expone, porque no puede ocultar su gran parecido físico contigo, su hijo único, el hombre más parecido a su madre, concebido sin intervención de varón.

Tú, Jesús, llevas la Cruz sobre tus hombros descarnados. María, tu Madre, lleva la Cruz clavada en su corazón deshecho.

Yo prefiero pasar inadvertido. Soy un cobarde. No me atrevo a enfrentarme con tus enemigos. Ni siquiera me acerco. Que no conozcan que soy cristiano, discípulo del condenado.

Te pido, Señor, por mí y por los cristianos cobardes como yo:

- graba en nuestra vida los rasgos que me identifiquen como hermano tuyo, hijo de la misma Madre valerosa.

- envía tu Espíritu de fortaleza, para caminar a tu lado y salir en tu defensa en circunstancias adversas a la fe.

- ayuda a las madres de hijos subnormales, marginados, perseguidos, pecadores: que sean siempre para sus hijos el puerto donde encuentren el cariño y la acogida que los hombres les negamos.

Señor, pequé:
Ten piedad y misericordia de mí.

5ª Estación:

EL CIRENEO AYUDA A JESÚS

Tizziano

Te adoramos, Cristo, y te bendecimos.
Que por tu Santa Cruz redimiste al mundo.

Han pasado muchas horas desde que comenzó la agonía de Jesús en el monte de los Olivos. Comienza a debilitarse la resistencia humana de Jesús, después de una noche de malos tratos, de burlas y de paseos de Anás a Caifás, de Herodes a Pilato. El libro del Eclesiástico describe esa situación angustiosa:

Cerca de la muerte estaba mi alma.

Por todas partes me asediaban y no había quien me auxiliara. Volví los ojos a un apoyo humano y no había ninguno. Elevé de la tierra mi plegaria. Y mi oración fue escuchada. (Eclo 51, 6-7.9.11)

Marcos, en su Evangelio, deja constancia de la ayuda que Jesús encontró para llevar la cruz:

Terminada la burla, quitaron a Jesús la púrpura y le pusieron su ropa. Y lo sacaron para crucificarlo. Y a uno que pasaba, de vuelta del campo, a Simón de Cirene, el padre de Alejandro y de Rufo, lo forzaron a llevar la cruz. (Mc 15,20-21)

Quiso Jesús que hubiera en su Pasión alguna aportación positiva de parte de los hombres, aunque la ayuda del Cireneo fuera forzosa al principio.

Las palabras que siguen son de San Pablo:

Nosotros somos colaboradores de Dios. (1 Co 3,9)

Me alegro de sufrir por vosotros: así completo en mi carne los dolores de Cristo, sufriendo por su cuerpo que es la Iglesia. (Col 1,24)

Llevad unos las cargas de los otros. Con eso cumpliréis la ley de Cristo. (Ga 6,2)

Señor:

En ese primer momento de Simón de Cirene, que sólo a la fuerza carga con la cruz, me veo fielmente reflejado. Ese soy yo, que detesto el sufrimiento. Instalado en mi cómodo y esterilizante egoísmo, rechazo el esfuerzo que requiere la ayuda al prójimo.

Pero Simón de Cirene fue tomando gusto a la cruz, yendo a tu lado: encontró sentido al sufrimiento. Hacia ahí apunta mi esperanza: junto a ti, Jesús, iré teniendo tus mismos sentimientos. Así podré abrazar cada día mi cruz y ayudar a los demás a llevar la suya.

Porque tú, Cristo, continúas cargando con la cruz por las calles y plazas, carreteras y autopistas de toda la tierra. Tú estás: en el accidentado, derribado en la cuneta; en el parado o vergonzante apostado a la puerta de la iglesia, tendiendo la mano; en la madre soltera a quien señalamos con el dedo; en el alcohólico, en el marginado, en el inmigrante, en el preso; en el anciano abandonado, en el invidente, el huérfano, el enfermo desahuciado que camina inexorable hacia su propio calvario.

Por eso, cuando ayudo a uno de estos hermanos a llevar su cruz, soy el Cireneo que te ayuda a llevar la tuya. Tu palabra, Jesús, vuelve a sonar en mis oídos y llega con fuerza a mi corazón:

El que no toma su cruz y me sigue, no es digno de mí. (Mt 10, 38)

El que quiera venirse conmigo, que se niegue a sí mismo, que cargue con su cruz y me siga. (Mc 8, 34)

Te pido, Señor:

- por quienes se encuentran solos bajo el peso de su cruz;
- por quienes no encuentran sentido a su dolor, a su situación, a su historia;
- por quienes gastan su vida cargando con la cruz de los demás.

Señor, pequé:
Ten piedad y misericordia de mí.

6ª Estación:

LA VERÓNICA ENJUGA EL ROSTRO DE JESÚS

El Greco

Te adoramos, Cristo, y te bendecimos.
Que por tu Santa Cruz redimiste al mundo.

Eres el más bello de los hombres, en tus labios se derrama la gracia. (Sal 45, 3)

Cristo es reflejo de la gloria del Padre, impronta de su ser. (Hb 1, 3)

Dios ha brillado en nuestros corazones, para que nosotros iluminemos, dando a conocer la gloria de Dios, reflejada en Cristo. (2 Co 4, 6)

Ésa es la figura de Jesús que Dios entregó a la humanidad. Es la obra perfecta de Dios. Esta otra es la figura del Cristo, tal como lo dejamos los hombres, según los oráculos mesiánicos de Isaías:

Muchos se espantaron de él, porque, desfigurado, no parecía hombre, no tenía aspecto humano. Sin figura, sin belleza. Lo vimos sin aspecto atrayente, despreciado y evitado por los hombres, como un hombre de dolores, acostumbrado a sufrimientos, ante el cual se ocultan los rostros; despreciado, desestimado. (Is 52, 14; 53, 2-3)

Cristo se aplicó a sí mismo en la Cruz los primeros versículos siguientes:

Yo soy un gusano, no un hombre, vergüenza de la gente, desprecio del pueblo. (Sal 22, 7)

Ofrecí la espalda a los que me golpeaban, la mejilla a los que mesaban mi barba.

No oculté el rostro a insultos y salivazos.

Mi Señor me ayudaba, por eso no quedaba confundido; por eso ofrecí el rostro como pedernal, y sé que no quedaré avergonzado. (Is 50, 6-7)

Señor:

Entre tantos enemigos y tantos cobardes, hay alguien que no se avergüenza de tu rostro: una mujer, la Verónica, se abre paso con valentía, sin respetos humanos, sin miedo a insultos o empujones. Su intuición la empuja hasta ti, siguiendo los consejos bíblicos:

¡Buscad al Señor y su fuerza, id tras su rostro sin descanso! (1 Cro 16,11)

Miradlo los humildes y alegraos, buscad al Señor y revivirá vuestro corazón. (Sal 69, 33)

Recurrid al Señor y a su poder, buscad continuamente su rostro. (Sal 105, 4)

Como busca la cierva corrientes de agua, así mi alma te busca a ti, Dios mío; tiene sed de Dios, del Dios vivo. ¿Cuándo entraré a ver el rostro de Dios? (Sal 42, 2)

Ese rostro está ahora ensangrentado, desfigurado. Así ha quedado grabado en el lienzo de la Verónica. Es la obra de mis pecados.

¿Cuándo dejaré de lado bobos temores y confesaré abiertamente mi fe?

¿Cuándo decidiré huir valientemente del horror del pecado, para acercarme valeroso a la hermosura de Jesús?

¿Cuándo dejaré que se grabe en mí la imagen de Jesús (Rm 8,29), hasta que se forme Cristo en mí? (Ga 4,19).

Presumía de valiente y nada arriesgo por Cristo. Me creía fuerte y sucumbo bajo el temor de sonrisas y burlas.

Suponía que era cristiano sincero y me avergüenzo de aparecer como discípulo de Cristo.

Quiero, Señor, confesarte ante los hombres. (Cf. Mt 10, 32)

Gracias, Jesús:

- por tantas cristianas valientes que queman su vida enjugando las lágrimas y la sangre de tristes y heridos;

- gracias, por el testimonio valeroso de tantos cristianos que arriesgan su vida por tu causa en los países donde es perseguida la Iglesia y son pisoteados los derechos humanos;

- gracias, porque continúas eligiendo a los

débiles y despreciables del mundo, para confundir a los sabios y prudentes.

Señor, pequé:
Ten piedad y misericordia de mí.

7ª Estación:

JESÚS CAE POR SEGUNDA VEZ

Domenichino

Te adoramos, Cristo, y te bendecimos.
Que por tu Santa Cruz redimiste al mundo

En el libro de los Salmos de David, que Jesús conocía y recitaba, está escrito:

Dios mío, arráncame del cieno, que no me hunda. La afrenta me destroza el corazón y desfallezco. Espero compasión y no la hay; consoladores, y no los encuentro. (Sal 69, 15.20-21)

¿Evocaría Jesús estos versos cuando estaba caído bajo el peso de los pecados de todos los hombres?

Él sabía que en el libro de Isaías estaba anunciado que el siervo de Dios sucumbiría:

El Señor cargó sobre su Siervo todos nuestros crímenes. Maltratado, voluntariamente se humillaba. (Is 53, 6-7)

Desde la tierra hablarás, por el polvo será ahogada tu palabra, tu voz será como un espectro de la tierra, y desde el polvo tu palabra será como un susurro. (Is 29, 4)

A la vista de Jesús abatido y postrado, podemos proclamar estas palabras de la Carta a los Hebreos:

No tenemos un Sumo Sacerdote que no pueda compadecerse de nuestras flaquezas, sino probado en todo, igual que nosotros, excepto el pecado.

Cristo, en los días de su vida mortal, a gritos y con lágrimas, presentó oraciones y súplicas al que podía salvarlo de la muerte, y fue escuchado por su actitud reverente. (Hb 4, 15; 6, 7)

Señor:

¿No habrás caído esta vez porque fui yo quien te tiré la piedra y escondí la mano? ¿O te puse disimuladamente la zancadilla por detrás?

Nadie lo vio. Aparentemente seguí siendo bueno. ¿Quién podría pensar que yo, considerado como uno de los tuyos, iba a ser capaz de eso?

Tú sí. Tú lo sabes. Y me aceptas como soy, con toda mi miseria y mi hipocresía, con mi pecado y mi careta de buena persona. Y, siendo yo pecador, enemigo tuyo a pesar de las apariencias, me amas y das tu vida por mí.

Jesús: tu caída, por mi culpa, es una seria llamada a conversión, a quitarme la careta de buena persona y a decidirme a seguirte de verdad.

De tus labios escucho estas palabras de perdón y de ánimo:

Para que veáis que el Hijo del hombre tiene potestad en la tierra para perdonar pecados: Ponte en pie, toma tu camilla y vete a casa. (Mt 9, 6)

Yo soy ese paralítico que quiere creer en la fuerza de tu palabra. Yo soy el hijo pródigo que quiere volver a casa: «***Sí, me levantaré. Me pondré en camino adonde está mi Padre, y le diré: Padre, he pecado contra el cielo y contra ti***» (Lc 15, 18)

Te pido, Señor:

- por los que, siendo pecadores, intentamos aparecer como justos;
- por los que somos causa de caída para otros;
- por los que zigzagueamos por las curvas del mundo, del demonio y de la carne, sin decidirnos a tomar la recta que lleva a ti.

Señor, pequé:
Ten piedad y misericordia de mí.

8ª Estación:

JESÚS CONSUELA A LAS MUJERES DE JERUSALÉN

Vicente Masip

Te adoramos, Cristo, y te bendecimos.
Que por tu Santa Cruz redimiste al mundo.

Seguía a Jesús un gran gentío del pueblo, y de mujeres que se daban golpes y lanzaban lamentos por él. Jesús se volvió hacia ellas y les dijo:

Hijas de Jerusalén, no lloréis por mí, llorad por vosotras y por vuestros hijos, porque mirad que llegará el día en que dirán: «Dichosas las estériles y los vientres que no han dado a luz y los pechos que no han criado». Entonces empezarán a decirles a los montes: «Desplomaos sobre nosotros», y a las colinas: «Sepultadnos»; porque si así tratan al leño verde, ¿qué pasará con el seco? (Lc 23, 27-31)

Buen consuelo para Jesús hallar en su camino doloroso personas que se compadecieran de él. Pero Cristo prefiere aplicar las lágrimas y el consuelo a las penas y a los problemas de los demás. Eso mismo entendía San Pablo cuando escribía a los cristianos de Corinto:

Dios nos alienta en nuestras luchas hasta el punto de poder nosotros alentar a los demás en cualquier lucha, repartiendo con ellos el ánimo que nosotros recibimos de Dios. Si los sufrimientos le Cristo rebosan sobre nosotros, gracias a Cristo rebosa en proporción nuestro ánimo. Si nos

toca luchar, es para aliento y salvación; si recibimos aliento, es para comunicaros aliento con el que podáis aguantar los mismos sufrimientos que padecemos nosotros. Nos dais firmes motivos de esperanza, pues sabemos que si sois compañeros en el sufrir, también lo sois en el buen ánimo. (2 Co 1, 4-7)

Señor:

Estás que das lástima, arrastrándote por la calle de la amargura, y sigues pensando en los demás.

Te preocupan los problemas de los demás, y consuelas a las mujeres que se compadecen de tu estado lastimoso.

Ves mi miseria, mi tristeza, mi pecado, y me ofreces tu consuelo.

Yo, Señor, como aquellas buenas mujeres, me lamento de lo mal que está el mundo; de cómo ha caído la moral pública, de cómo desprecian tu nombre y tu ley los otros, «los malos»; de cómo tu Iglesia es incomprendida y perseguida. Porque yo, en el fondo, no me creo tan malo.

Hoy quiero reconocer que soy ese leño seco, necesitado de tu vida, de tu perdón, de tu consuelo.

Quiero llorar mis propios pecados, antes de escandalizarme de los males ajenos.

Quiero ser misericordioso, comprender y consolar a los demás.

Gracias, Jesús:

- por tu amor y tu misericordia sin límites

- por los que encuentro en mi camino, testigos de tu Espíritu Consolador

- por tu Palabra, siempre oportuna, que denuncia mi pecado y me señala el camino de conversión.

Señor, pequé:
Ten piedad y misericordia de mí.

9ª Estación:
JESÚS CAE POR TERCERA VEZ

Rafael

Te adoramos, Cristo, y te bendecimos.
Que por tu Santa Cruz redimiste al mundo.

¡Una vez más cae Jesús por tierra! Razón: el peso infinito de nuestros pecados. Esto escribe San Pablo:

Al que no había pecado, Dios lo hizo expiar nuestros pecados, para que nosotros, unidos a él, recibamos la salvación de Dios. (2 Co 5, 21)

Cae Jesús, para que nosotros nos levantemos.

Carga Jesús con los pecados de todos, para aliviar el peso de la existencia humana.

Rostro en tierra, enlodado de sangre y de polvo, bajo el peso de los pecados de los hombres que él se apropia, Jesús podía exclamar con versos de los Salmos:

No hay parte ilesa en mi carne, no tienen descanso mis huesos, a causa de mis pecados; mis culpas sobrepasan mi cabeza, son un peso superior a mis fuerzas... Voy encorvado y encogido. (Sal 38, 4-7)

Mi vigor decae con las penas, mis huesos se consumen.

Oigo el cuchicheo de la gente...

Se conjuran contra mí y traman quitarme la vida. (Sal 31, 11.14)

Señor:

Caes por tierra una y otra y otra vez, y te levantas. Así me enseñas que, por muchas veces que yo caiga, siempre tendré motivo para levantarme del pecado, de la postración, de la apatía, de las frustraciones, de la esclavitud de las pasiones, del odio, del rencor, de la desesperación. Tu Palabra me dice que *«siete veces cae el justo pero se levanta»*. (Prov 24, 6).

Y me alientas con tu promesa:

- Aunque sean vuestros pecados como la grana, como nieve blanquearán; aunque sean rojos como escarlata, como lana blanca quedarán. (Is 1, 18)

- ¿Acaso quiero yo la muerte del malvado y no que se convierta de su camino y que viva? (Ez 18, 23)

- Les daré un corazón íntegro e infundiré en ellos un espíritu nuevo: les arrancaré el corazón de piedra y les daré un corazón de carne, para que sigan mis leyes y pongan por obra mis mandatos; serán mi pueblo y yo seré su Dios. (Ez 11,19-20)

Misericordia, Dios mío, por tu bondad; por tu inmensa compasión borra mi culpa, lava del todo mi delito, limpia mi pecado.

Crea en mí un corazón puro, renuévame por dentro con espíritu firme; devuélveme la alegría de la salvación.

Mi sacrificio es un espíritu quebrantado: un corazón quebrantado y humillado tú no lo desprecias. (Sal 51,1,12,14,19).

- Ten piedad, Señor: de los pecadores empedernidos: que no se hundan en la desesperación; envíales un rayo de tu luz, que vean tu salvación.
- Ten piedad, Cristo, de los que, permanecen en sus pecados porque desconfían de tu ilimitada misericordia.
- Ten piedad, Señor, de mí: que después de mis múltiples caídas, me levante y siga el viacrucis de mi vida; que sobre la conciencia contrita de mis pecados, brille la esperanza de tu perdón y el gozo de tu amor.

Señor, pequé:
Ten piedad y misericordia de mí.

10ª Estación:

JESÚS ES DESPOJADO DE SUS VESTIDURAS

Maestro de la Pasión de Karlsruhe

Te adoramos, Cristo, y te bendecimos.
Que por tu Santa Cruz redimiste al mundo.

Los soldados tomaron la ropa de Jesús, haciendo cuatro partes, una para cada soldado, y apartaron la túnica. Era una túnica sin costura, tejida toda de una pieza de arriba abajo. Y se dijeron: No la rasquemos, sino echemos suertes a ver a quién le toca.

Así se cumplió la Escritura: «Se repartieron mis ropas y echaron a suerte mi túnica». Esto hicieron los soldados. (Jn 19, 23-24)

Así, despojado de todo, podemos comprobar la verdad de lo que Isaías anunció de Cristo, el Siervo de Yavé:

De la planta del pie a la cabeza no hay en él cosa sana: golpes, magulladuras y heridas frescas, ni cerradas, ni vendadas, ni ablandadas con aceite. (Is 1,6)

Pero si fue grande el dolor físico cuando los soldados arrancaron a Jesús jirones de piel adherida a la ropa, mayor fue el sufrimiento moral de Cristo, que David lo expresó en este salmo mesiánico:

Dios de Israel, por ti he aguantado afrentas, la vergüenza cubrió mi rostro.

Acércate a mí, rescátame, líbrame de mis enemigos: estás viendo mi afrenta, mi vergüenza y mi deshonra; a tu vista están los que me acosan.

La afrenta me destroza el corazón y desfallezco. (Sal 69, 8.19-20).

Señor: en el ridículo juicio por el que fuiste condenado, quedó sin respuesta una pregunta de Pilato: «¿Qué es la verdad?». La respuesta que entonces le negaron tus labios la da ahora tu cuerpo desnudo: Esa es la verdad que libera: tu encarnación despojada de aditamentos, sin ataduras ni compromisos, sin mentira ni componendas.

Tú eres, Jesús, la Verdad que me hace libre de las tres dimensiones del mal: *«Las pasiones del hombre terreno, la codicia de los ojos y la arrogancia del dinero».* (1 Jn 2,16)

Frente a esa mentira, tú me dices:

- El que quiera ser grande, sea vuestro servidor; y el que quiera ser primero, sea esclavo de todos. (Mt 10,44)

- Dichosos los limpios de corazón, porque ellos verán a Dios. (Mt 5,8)

- No amontonéis tesoros en la tierra. Amontonad tesoros en el cielo. (Mt 6,19)

Quiero estar, Señor, despojado, de ambiciones de poder y de riquezas, libre del dominio despótico de las pasiones de la carne. Quiero, Señor, revestirme sólo de ti, como Pablo me enseña:

- ***Nuestro Señor Jesucristo, siendo rico, por vosotros se hizo pobre, para que vosotros, con su pobreza, os hagáis ricos.*** (2 Co 8,9)

- ***Vestíos del Señor Jesucristo y que el cuidado de vuestro cuerpo no fomente los malos deseos.*** (Rm 13,14)

- ***Si antes cedisteis vuestro cuerpo como esclavo a la impureza y la maldad, para que realizase el mal, ponedlo ahora al servicio del Dios libertador, para que os santifiquéis.*** (Rm, 5,19)

Ese puede ser mi programa de vida, pero sólo será realidad con la fuerza de tu Espíritu.

Envíame, Señor, tu Espíritu, para que pueda despojarme del hombre viejo y revestirme de ti.

Te pido, Señor, por tu Iglesia:

- que tu túnica indivisa sea siempre la imagen de tu única Iglesia, en continuo caminar hacia la plena unidad.

- que tu cuerpo desnudo sea el más vivo ejemplo de desprendimiento para tu Iglesia, no apoyada en riquezas ni en poder, sino sólo en la fuerza de tu Espíritu.

- que, libre de ataduras y compromisos, tu Iglesia proclame a la humanidad la única Verdad que salva: Jesucristo, muerto y resucitado.

Señor, pequé:
Ten piedad y misericordia de mí.

11ª Estación:
JESÚS ES CRUCIFICADO

Juan de Flandes

Te adoramos, Cristo, y te bendecimos.
Que por tu Santa Cruz redimiste al mundo.

Jesús ya había anunciado mucho antes de qué muerte iba a morir:

Lo mismo que Moisés elevó la serpiente en el desierto, así tiene que ser elevado el Hijo del hombre, para que todo el que cree en él tenga vida eterna.

Tanto amó Dios al mundo, que entregó a su Hijo único, para que no perezca ninguno de los que creen en él, sino que tengan vida eterna. (Jn 3, 14-16)

Cuando yo sea alzado sobre la tierra, atraeré a todos hacia mí. (Jn 12,32)

Eso lo dijo indicando que sería clavado en la Cruz. Y así ocurrió. Lo leemos en los Evangelios:

Cuando llegaron al lugar llamado «La Calavera», lo crucificaron allí, a él y a los malhechores, uno a la derecha y otro a la izquierda. Jesús decía: Padre, perdónalos, porque no saben lo que hacen. (Lc 23, 33-34)

Junto a la cruz de Jesús estaba su madre, la hermana de su madre María la de Cleofás, y María la Magdalena. Jesús, al ver a su madre y cerca al discípulo que tanto quería, dijo a su madre: Mujer, ahí tienes a tu hijo.

Luego dijo al discípulo: Ahí tienes a tu madre. (Jn 19,25-27)

Cristo Crucificado:

Clavado de pies y manos, inmóvil, agonizante, elevado sobre la tierra, nos atraes a todos hacia ti.

Sigues siendo el Camino de la Verdad que lleva a la Vida. Has triunfado, Cristo. Te doy gracias, Señor, por tus tres horas de cruz, por tu último regalo: tu Madre.

Junto a ella, estás con las manos abiertas, para seguir perdonando y bendiciendo a los pecadores. Sigues con los brazos extendidos, para abrazar a los hijos pródigos cuando volvemos a la Casa del Padre.

Ahí queda, Señor, mi obra maestra: esa cruz que te he construido con mis pecados, erguida para siempre. Perdóname, Jesús, porque sé lo que hago cuando vuelvo a crucificarte. Ojalá pudiera proclamar como Pablo:

Dios me libre de gloriarme si no es en la Cruz de Nuestro Señor Jesucristo, en la cual el mundo está crucificado para mí, y yo para el mundo. (Ga 6,14)

Nosotros predicamos a Cristo crucificado: escándalo para los judíos, necedad para los griegos; pero para los llamados a Cristo: fuerza de Dios y sabiduría de Dios. (1 Co 1,22-23).

Te pido, Señor Crucificado:

- que mi mayor gloria sea tu Cruz gloriosa, única respuesta a todos mis sufrimientos
- que realices en mí la crucifixión del hombre viejo, para destruir el cuerpo del pecado (Rm 6,6)
- que me ayudes a rechazar las invitaciones a bajarme de la cruz: como tú, seguiré en ella, y por ella llegaré contigo a la vida nueva.

Señor, pequé:
Ten piedad y misericordia de mí.

12ª Estación:
JESÚS MUERE EN LA CRUZ

Velázquez

Te adoramos, Cristo, y te bendecimos.
Que por tu Santa Cruz redimiste al mundo.

Quitar la vida al justo era un viejo proyecto acariciado por la humanidad. El libro de la Sabiduría traza las maquinaciones contra el justo con estas palabras:

Acechemos al justo,
que nos resulta incómodo.
Veamos si sus palabras
son verdaderas,
comprobando el desenlace
de su vida.
lo someteremos a la prueba
de la afrenta y la tortura,
lo condenaremos a muerte
ignominiosa. (Sb 2,12,19-20)

El proyecto se ha cumplido.

Así describen Lucas y Juan los últimos minutos de Jesús en la Cruz:

Era ya eso de mediodía y vinieron las tinieblas sobre toda la región, hasta la media tarde; porque se oscureció el sol. El velo del templo se rasgó por medio. Y Jesús, clamando con voz potente, dijo: Padre, a tus manos encomiendo mi espíritu. (Lc 23,44-46)

Sabiendo Jesús que todo había llegado a su término, para que se cumpliera la Escritura dijo: Tengo sed.

Había allí un jarro lleno de vinagre. Y, sujetando una esponja empapada en vinagre a una caña de hisopo, se la acercaron a la boca. Jesús, cuando tomó el vinagre, dijo: Está cumplido.

E inclinando la cabeza, entregó el espíritu. (Jn 19,28-29)

Jesucristo, Señor de la Vida, que venciste el pecado y la muerte:

Es verdad que *convenía que muriera uno por todo el pueblo* (Jn 11,50), *no sólo por Israel sino por todos los hombres* (2 Co 8, 14-15). *Cuando nosotros estábamos sin fuerza, en el tiempo fijado, tú diste tu vida por los impíos* (Rm 5,6), *reconciliándonos con Dios* (Rm 5,10).

No es posible mayor prueba de amor.

Desde aquella tarde del viernes santo:

- el velo del templo se rasgó en dos;
- la historia de la humanidad se dividió en dos etapas: antes, enemigos de Dios; después, reconciliados;
- ojalá mi propia vida también se divida en

dos: hasta hoy, he repartido mi corazón entre ídolos que me llevan a la muerte;

- desde hoy, decidido a que tu Cruz, fuente de vida, sea el centro de la mía; y tú, el Dios que muere para dar vida, seas mi único Dios, mi Señor.

- Te adoro, Jesucristo, exaltado por el Padre como único Señor de la Vida.

- Gracias, Jesús, por el gesto supremo de amor que te llevó a la locura de la cruz, para vencer el pecado y la muerte.

- Perdón, Señor, por mis muchos pecados, causa de tu muerte.

- Te pido, Cristo, que tu muerte redentora sea fecunda fuente de vida que sacie mi corazón.

Señor, pequé:
Ten piedad y misericordia de mí.

13ª Estación:

JESÚS ES BAJADO DE LA CRUZ

Tiépolo

Te adoramos, Cristo, y te bendecimos.
Que por tu Santa Cruz redimiste al mundo.

Los judíos, para que no quedaran los cuerpos en la cruz el sábado, pidieron a Pilato que les quebraran las piernas y que los quitaran. Pero al llegar a Jesús, viendo que ya había muerto, no le quebraron las piernas, sino que uno de los soldados con la lanza le traspasó el costado y al punto salió sangre y agua. (Jn 19, 31-34)

Un hombre llamado José, que era natural de Arimatea, acudió a Pilato a pedirle el cuerpo. Y bajándolo, lo envolvió en una sábana. (Lc 23, 50-53)

Una antigua tradición contempla a María, al pie de la cruz vacía, con el cuerpo inerte de Jesús en sus brazos. María entonces pudo evocar aquel oráculo de Amós:

Aquel día -oráculo del Señor- haré ponerse el sol a mediodía, y en pleno día oscureceré la tierra. Y habrá un llanto como por el hijo único. (Am 8, 9-10)

No cabe duda de que en aquellas amargas horas de la Pasión de Jesús, María comprobó la verdad de las palabras que le dijo el anciano Simeón, cuando ella, en circunstancias muy distintas, llevó en brazos a Jesús para presentarlo en el templo:

Mira: Este está puesto para que muchos en Israel caigan y se levanten; será una bandera discutida: así quedará patente la actitud de muchos corazones. Y a ti una espada te traspasará el corazón. (Lc 2,34-35)

¡Cuántas veces habría evocado María aquel vaticinio de Simeón! Pero aquella tarde, al pie de la Cruz, comprobó María el filo más hiriente de aquella espada que clavaron en su corazón los pecados de los que Jesús le dio por hijos.

Madre: Ciertamente no hay dolor semejante al tuyo. Ni hay palabras humanas para consolarte.

Pero hay algo que está por encima de tu incomparable amor de Madre de Jesús: es tu profunda fe como discípula de Cristo. Por eso, crees como nadie en su Palabra. Por eso, esperas segura en su resurrección.

Mientras llega esa mañana del domingo, tú sola eres la Iglesia naciente, el resto de Israel que espera contra toda esperanza: a pesar de ver a Dios muerto; al que fue su apóstol, Judas, suicida; y a Pedro, llamado a ser cabeza de la Iglesia, apóstata...

Al verte con el cadáver de tu Hijo en brazos, te pido perdón, Madre, porque:

- Tú nos diste a Jesús lleno de vida, luz del mundo. Y te lo devolvemos asesinado, sin voz, con los ojos cerrados.

- Tú nos lo diste rico de dones, derramando gracia sobre gracia, dándonos todo: hasta nos dio a ti, su Madre. Nosotros te lo devolvemos en la más solemne pobreza.

Perdón, Madre, por lo que hicimos y seguimos haciendo. Tú conoces nuestra debilidad.

Santa María Dolorosa, Madre de Dios y Madre nuestra, ruega por nosotros, pecadores, ahora y en la hora de nuestra muerte.

Señor, pequé:
Ten piedad y misericordia de mí.

14ª Estación:
JESÚS ES SEPULTADO

Caravaggio

Te adoramos, Cristo, y te bendecimos.
Que por tu Santa Cruz redimiste al mundo.

José de Arimatea fue entonces y se llevó el cuerpo de Jesús. Llegó también Nicodemo, el que había ido a ver a Jesús de noche. Tomaron el cuerpo de Jesús y lo vendaron todo, con los aromas, según se acostumbra a enterrar entre los judíos.

Había un huerto en el sitio donde lo crucificaron, y en el huerto un sepulcro nuevo donde nadie había sido enterrado todavía. Y, como para los judíos era el día de la Preparación y el sepulcro estaba cerca, pusieron allí a Jesús. (Jn 19, 38-42)

Se habían cumplido las palabras de Jesús:

Os aseguro que si el grano de trigo no cae en tierra y muere, queda infecundo; pero si muere, da mucho fruto. (Jn 12,24)

El grano de trigo, muerto y sepultado en la tierra, dará ubérrimos frutos. La Pascua del Señor será el principio de la humanidad nueva, nacida en las aguas bautismales.

La muerte y sepultura de Jesús es la imagen del bautismo, por el que el hombre muere al pecado y es sepultado con Cristo, para renacer a la vida nueva. Lo dice San Pablo:

Hermanos: Los que por el bautismo nos incor-

poramos a Cristo, fuimos incorporados a su muerte. Por el bautismo fuimos sepultados con él en la muerte, para que así como Cristo fue despertado de entre los muertos andemos en una vida nueva. Si hemos muerto con Cristo, creemos que también viviremos con él. Consideraos muertos al pecado y vivos para Dios en Cristo Jesús, Señor nuestro. (Rm 6,3-4.8.11)

Habéis muerto, y vuestra vida está con Cristo escondida en Dios. (Col 3,3)

Jesucristo, Señor de la vida y de la muerte:

Todo induce a pensar que lo tuyo ha sido un rotundo fracaso.

Ahí quedas solo, sin vida, sepultado entre peñascos.

Pero la fe me dice que has triunfado plenamente sobre lo que oprimía a la humanidad: el pecado y la muerte.

Jesús, muriendo, aniquiló al que tenía el poder de la muerte, es decir, al diablo, y liberó a todos los que por miedo a la muerte pasaban la vida entera como esclavos. (Hb 2,14-15)

Triunfas tú, Jesús. Y contigo triunfa todo el que cree en tu nombre. En las competiciones de la vida, tú y tu Iglesia podréis aparecer como derrotados en la primera parte. Pero la victoria final siempre será tuya.

Tu resurrección es la garantía de esa victoria definitiva.

Así lo proclamaba Pedro el día de Pentecostés:

Os hablo de Jesús Nazareno. Vosotros, por medio de los paganos, lo matasteis en una cruz. Pero Dios lo resucitó rompiendo las ataduras de la muerte. (Hch 2,22-24).

El poder vivificador de Dios está siempre por encima de nuestra capacidad de muerte.

Te doy gracias, Señor, por tu muerte redentora.

Te felicito, Jesús, por tu resurrección gloriosa.

Te pido, Cristo:

- que cada día de mi vida participe de tu muerte, muriendo al pecado;

- que encuentre en ti la vida que el mundo no puede darme;

- que, unido a ti, sea levadura de la nueva humanidad inaugurada con tu resurrección.

Señor, pequé:
Ten piedad y misericordia de mí.

JESUCRISTO, EN EDIBESA

1. DOCE VIDAS DE JESÚS

Doce tomos, doce Vidas de Jesús, de distinto talante, profundidad, nivel intelectual, enfoque, para que cada familia, cada comunidad, cada lector encuentre la que más se amolda a su gusto, a su necesidad, a su nivel.

1. **Vida de Jesucristo según el Evangelio** (2ª ed.), por ***J. M. Lagrange, O.P.*** Obra capital entre las grandes Vidas de Jesús. El prestigioso, sabio y santo dominico, fundador de la Escuela Bíblica de Jerusalén, logró concentrar todo el cúmulo de su saber bíblico en torno a Jesús 557 págs. (84-8407-117-0 ?170270) 17,45 €.
2. **La más antigua Vida de Jesús. (Diatessaron)** (2ª ed.), por ***Taciano***. Los 4 Evangelios, en un solo relato del siglo II. Es la primera Vida de Jesús, compuesta a base de unir en un solo relato la antología de los cuatro Evangelios, que para el sirio Taciano, constituyeron el eje de toda sabiduría, a finales del siglo II. 259 págs. 84-8407-118-9 ?170280) 10,50 €.
3. **Vida de Cristo** (2ª ed.), por ***Fray Luis de Granada, O.P.*** Profundidad, claridad, unción y la elegancia del Siglo de Oro. La elegancia y lozanía del español del Siglo de Oro español, siguiendo paso a paso la vida de Jesús: para conocerla y para imitarla. 370 págs. (84-8407-116-2 ? 170290) 13,25 €.
4. **Jesucristo** (2ª ed.), por ***Léonce de Grandmaison, S. J.*** Erudición, belleza literaria, grandes intuiciones. Las grandes cualidades de Grandmaison, quedan aquí potenciadas por el tema central de toda su vida: Jesús. 638 págs. (84-8407-119-7 ? 170300) 21 €.
5. **Vida de Jesús según los Evangelios sinópticos** (2ª ed.), por ***José Salguero, O.P.*** Una obra de nuestros días, que recoge los mejores frutos de toda una vida dedicada a la investigación y a la docencia de los Evangelios. 356 págs. (84-8407-120-0 ? 170310) 13,85 €.
6. **Nuestro Señor Jesucristo según los Evangelios** (2ª ed.), por ***Léonce C. Fillion.*** Quizá «la Vida de Jesús más completa que se ha escrito», con excelente acogida de crítica y lectores. 447 págs. (84-8407-121-9 ? 170320) 14,45 €.

7. **Memorias de un reportero de los tiempos de Cristo**, por *Carlos Mª de Heredia, S. J.* Fiel al Evangelio, que sirve de base, crea un ambiente, unos personajes y unas relaciones humanas que hacen posible leer esta Vida de Jesús como la novela más apasionante. 1.010 págs. (84-8407-122-7 ? 170330) 23,45 €.
8. **Vida de Nuestro Señor Jesucristo** (2ª ed.), por *Remigio Vilariño, S.J.* Llegó a ser la Vida de Jesús más popular en la España del siglo XX, por su sencillez, por su interés, por las aplicaciones a la vida del lector. 645 págs. (84-8407-123-5 ? 170340) 21 €.
9. **La vida de Jesús, en el país y pueblo de Israel** (2ª ed.), por *Franz M. Willam.* Seriedad, piedad, elegancia. Sitúa los episodios de la Vida de Jesús en el ambiente geográfico histórico y, sobre todo, en el marco de las costumbres judías. 493 págs. (84-8407-124-3 ?170350) 17,45 €.
10. **Vida de Jesús**, por *François Mauriac.* Joya literaria del novelista francés, Académico y Premio Nobel. Frente a la tristemente famosa *Vida de Jesús* del racionalista Renan, Mauriac ofreció, con su prestigio y su elegancia, la verdadera Vida de Cristo. 224 págs. (84-8407-125-1 ? 170360) 10,50 €.
11. **Historia de Cristo** (2ª ed.), por *Giovanni Papini*. Obra cumbre del fogoso convertido italiano, deslumbrado por Jesús. Un relato apasionante de la vida del Maestro. 83 págs. (84-8407-126-X ? 170370 14,45 €.
12. **Vida de Jesucristo** (2ª ed.), por *Giuseppe Ricciotti.* Para conocer con claridad todo sobre la vida del Señor. Es la clásica Vida de Jesús en la que no quedan puntos oscuros sin la adecuada explicación. 590 págs. (84-8407-127-8 ?170380) 19,25 €.

2. OTROS LIBROS SOBRE JESÚS

- **Jesús de Nazaret**, por *Albert Hari.* Vida, ministerio y mensaje de Jesús, dirigido a los adolescentes y a los niños, con espléndidos dibujos y fotos a color, para que las nuevas generaciones de cristianos descubran al mejor amigo, Jesús. 227 págs. (84-8407-370-X ? 110620)18 €.
- **Jesucristo, revelación del misterio del hombre**, por *Martín Gelabert, O.P.* Ensayo de antropología teológica, partiendo de Jesucristo, el Hombre por excelencia, cuya humanidad ilumina la realidad profunda de todo hombre. 226 págs. (84-89761-91-4 ? 190020) 13,50€.
- **Dios escribe y se escribe con trazo humano**, por *Vicente Botella Cubells, O.P.* Esbozo de cristología fundamental: el misterio de la fe cristiana se inscribe en la humanidad del Hijo de Dios. Desde

ella y en ella se nos ofrece el acceso a la realidad de Dios. 226 págs. (84-8407-273-8 ? 190280) 13,50 €.

- **La Cristíada**, por *Fray Diego de Hojeda, O.P.* Edición de lujo de la obra maestra de Hojeda, clásico de la literatura española, que presenta la historia de la humanidad partiendo de la vida de Jesús. 32 láminas a color dibujos-viñetas originales en todas las páginas, a dos colores. 512 págs. (84-85803-72-8 ? 110120) 41 €.
- **Jesús, siempre y más** (2ª ed.), por *Rafael de Andrés, S.J.* 1.000 opiniones de autores de todo tiempo, lengua y nación, sobre Jesucristo. Mil textos, siempre positivos, sobre Jesucristo, escritos por cristianos y no cristianos. 525 págs. (84-89761-80-9 ? 110150) 11,50 €.
- **Jesús, cara a cara. 100 entrevistas con Cristo**, por *Rafael de Andrés, S.J.* Dos partes: "en aquel tiempo", un texto evangélico; "en este tiempo", una entrevista con Cristo sobre el tema evangélico. 302 págs. (84-8407-080-8 ?110240) 11,50 €.
- **Jesús, el dinero y los negocios**, por *José Salvador y Conde, O.P.* Un libro luminoso sobre un tema importante: las riquezas, el dinero, los negocios. ¿Cómo lo asumió Jesús? La respuesta no es un simple sí o no: tiene muchos matices. 256 págs. (84-8407-075-1 ? 150430) 10,50 €.
- **El lado humano de Jesús de Nazaret**, por *José Salvador y Conde, O.P.* Un tema apasionante, para un mayor conocimiento de la persona de Jesús: cómo era físicamente, cómo era su carácter y su temperamento, cómo se relacionaba con el mundo exterior. 415 págs. (84-8407-289-4 ? 170590) 10,50 €.
- **Jesús. He aquí el Hombre**, por *Maximiliano G. Cordero, O.P.* El sabio exegeta dominico ofrece las semblanzas de Jesús-Hombre. Cómo era Jesús: su alma, su cuerpo, su psicología, sus actitudes. 220 págs. (84-85803-90-6 ? 150080) 8,75 €.
- **Memorias de Jesús**, por *Francisco de Mier, C.P.* Jesús habla con los personajes de la Biblia que le precedieron y que convivieron con él: sus raíces, sus encuentros, sus memorias. 426 págs. (84-89761-67-1 ? 150190) 15 €.
- **Memorias de María, memorias de Juan**, por *Samuel Valero.* La vida de Jesús, contada por la Madre en los misterios de la infancia de Jesús. A partir del Bautismo, es Juan quien escribe sus memorias sobre la vida y mensaje del Maestro. 252 págs. (84-898761-00-0 ? 170590) 11,45 €.
- **La extraña historia de un tal Jesús**, por *Vicente García Segura, S.J.* El Evangelio, siguiendo el texto de los evangelios, concordados en un solo relato, pero contado en lenguaje actual, inteligible aún para quienes no conocen a Jesús. 256 págs. (84-8407-039-5 ? 150320) 9 €.
- **El poema de Jesús. El Evangelio en verso**, por *María Teresa Reyero, clarisa.* No es "la Biblia en verso", pero sí el Evangelio en

tantos poemas en verso como episodios y enseñanzas relatan en prosa los evangelistas. 357 págs. (84-8407-007-7 ? 150220) 11,45 €.

- **La infancia de Jesús en pasatiempos**, por ***Rosa Mac-Mahón.*** Los misterios de la infancia de Jesús, en crucigramas, sopas de letras, "dameros benditos", y otros pasatiempos, que la autora prefiere llamar "ganatiempos": para aprender jugando. 141 págs. (84-8407-480-3 ? 110690) 11 €.
- **El Evangelio de los Hebreos**, por ***Pseudo Leví Hispano.*** Una vida completa de Jesús, siguiendo los Evangelios en buena ordenación de textos, y llenando los vacíos con la aportación de los escritos apócrifos. 276 págs. (84-8407-362-9 ? 150940) 8,50 €.
- **Con Cristo al tercer milenio**, por ***Mons. Rafael Palmero, obispo de Palencia.*** Orientaciones pastorales para la vivencia cristiana del nuevo milenio. Apéndice: la pastoral vocacional. 221 págs. (84-8407-046-8 ? 150360) 9 €.
- **Imitación de Cristo** (2ª ed.), por ***Tomás de Kempis.*** La inmortal obra de espiritualidad, en la traducción clásica de fray Luis de Granada, con su elegancia y unción características del gran dominico. 491 págs. (84-85803-69-8 ? 110100) 9 €.
- **Corazón vivo. El Corazón de Cristo, fuente de vida**, por ***Francisco Cerro.*** 30 reflexiones para un mes junto al Corazón de Dios: el mes de junio, por ejemplo. 77 págs. (84-8407-295-9 ? 120230) 5,50 €.

3. CON JESÚS, EN SU PASIÓN Y SU RESURRECCIÓN

- **Mi Cristo roto**, por ***Ramón Cué, S.J.*** Texto de las famosas conferencias cuaresmales televisadas (también granadas en casetes, CD y VHS), que han dado la vuelta al mundo. 161 págs. (84-8407-344-0 ? 180230) 4,50 €.
- **La Sábana Santa de Turín: su autenticidad**, por *Jorge Loring, S.J.* El gran especialista explica y defiende que la Sábana venerada en la catedral de Turín es la que envolvió el cuerpo muerto de Jesús y fue testigo mudo de su resurrección. 253 págs. (84-8407-443-9 ? 110480) 9,50 €.
- **Toma tu cruz y sígueme**, por ***Ricardo Cuadrado Tapia, O.P.*** La primera parte es aliento y esperanza para los enfermos,. La segunda, el nuevo *Vía crucis* (Camino de la cruz: Pasión) con su complemento: el *Vía-lucis* (Camino de la luz: Pascua). 145 págs. (84-85803-61-2 ? 120070) 5,25 €.

- **Saliendo al «paso» del Señor**, por *José Manuel Alcácer, O.P.* Comentarios bíblicos a los «pasos» de la Semana Santa y Pascua: los últimos días de la vida terrena de Jesús sobre la tierra y los primeros después de su Resurrección. 187 págs. (84-89761-83-3 ? 150100) 8,15 €.
- **Semana de la vida. La primera Semana Santa**, por *Francisco de Mier, C.P.* La vida y la muerte se juegan el tercer milenio. El autor conjuga la primera semana de la historia (Creación), la semana de la Pasión-Muerte-Resurrección de Cristo, y el momento actual. 392 págs. (84-8407-197-9 ? 150660) 11,45 €.
- **Las tres grandes catequesis bautismales**, por *Andrés Pardo.* Las catequesis de la primitiva Iglesia para el final del catecumenado: Jesús y la Samaritana, la curación del ciego de nacimiento y la resurrección de Lázaro. Aplicación a nuestro tiempo. 92 págs. (84-8407-349-1 ? 180270) 3,75 €.
- **Via Crucis bíblico**, por *José A. Martínez Puche, O.P.* De la Palabra eterna de Dios a la vida del hombre. Cada estación: un cuadro de arte en color, la lectura bíblica correspondiente, y la referencia a la vida del hombre, con su oración adecuada. 76 págs. (84-8407-500-1 ? 180400) 3,75 €.
- **Via Crucis. De la Cruz a la Luz**, por *J. R. Flecha, Pbro, y J. A. Martínez Puche, O.P.* 16 formularios para la práctica del Via Crucis, según distintas circunstancias, público y preferencia. Predomina el fundamento bíblico y la relación con la vida del cristiano de hoy. 256 págs. (84-8407-291-6 ? 180220) 6 €.
- **Via Crucis nuevo. El itinerario de la crucifixión**, por *Salvador Muñoz Iglesias*. Las catorce nuevas estaciones del Vía Crucis, para su recitación meditativa. Se complementa con el itinerario y los detalles históricos de la crucifixión de Cristo. 70 págs. (84-8407-346-7 ? 180250) 4 €.
- **La Pasión según Pemán**, por *José María Pemán* Ante la Pasión del Señor, el gran literato católico del siglo XX y Director de la Real Academia Española muestra la profundidad de su fe y la elegancia de su pluma. 147 págs. (84-89761-23-X ? 170090) 7,25 €.
- **Emaús,** por *Ignacio Domínguez, Pbro.* Era necesaria la Pasión y la Glorificación de Jesús, como reveló el Resucitado a sus discípulos itinerantes. Cada palabra y cada gesto de Jesús tienen una gran riqueza catequética y salvífica. 56 págs. (84-8407-434-X ? 151010) 5,75 €.